Beth ydy Mamal?

Anifail sydd â gwaed cynnes ac asgwrn cefn ydy mamal. Mamaliaid ydy'r unig anifeiliaid sy'n bwydo'r rhai bach ar laeth y fam.

Anifeiliaid gwaed cynnes ydy mamaliaid. Mae gwres eu cyrff yn eu cadw ar yr un tymheredd drwy'r amser. Mae angen llawer o egni i gadw'n gynnes. Dyna pam mae angen mwy o fwyd ar famaliaid gwaed cynnes nag anifeiliaid **gwaed oer** fel ymlusgiaid.

Mae gan y rhan fwyaf o famaliaid ffwr neu flew dros eu cyrff. Mae'n eu cadw'n gynnes. Does dim ffwr gan famaliaid y môr ond mae ganddyn nhw fraster sy'n eu cadw'n gynnes.

Mae mamaliaid bach yn cael eu geni'n fyw. Mae'r fam yn cynhyrchu llaeth ac yna mae'r rhai bach yn gallu sugno'r llaeth. Mae llaeth yn fwyd arbennig sy'n helpu'r rhai bach i dyfu.

4

Mae'r arth frown yn bwyta cig. Mae'r arth frown yn bwyta ffrwythau a hadau hefyd.

Mae'r panther du yn bwyta cig.

Mae eliffantod yn defnyddio eu clustiau mawr i'w cadw'n oer.

5

Mathau o Famaliaid

Mae dros 4,000 o fathau gwahanol o famaliaid. Mae pob lliw a llun ohonyn nhw i'w gweld.

Mae mamaliaid yn gallu bod mor fach â'ch bys neu mor fawr â morfil. Mamaliaid ydyn ni hefyd.

Mae rhai mamaliaid yn bwyta anifeiliaid eraill. Yr enw ar yr anifeiliaid hyn ydy **cigysyddion**. Mae cigysydd yn bwyta cig. Mae llewod yn famaliaid sy'n hela ac yn bwyta anifeiliaid eraill.

Mae rhai mamaliaid yn bwyta glaswellt neu blanhigion eraill. Yr enw ar yr anifeiliaid hyn ydy **llysysyddion.** Mae llysysydd yn bwyta planhigion. Mae'r rhinoseros yn bwyta planhigion.

Mae mamaliaid yn byw ymhob rhan o'r byd. Maen nhw'n byw mewn diffeithdir poeth ac yn y Gogledd a'r De oer. Mae rhai mamaliaid yn byw yn y môr. Mae rhai ohonyn nhw'n gallu hedfan hyd yn oed!

Un mamal sy'n byw yn y môr ydy'r morfil.

Mae mamal fel yr ystlum yn gallu hedfan fel aderyn.

7

Cylch Bywyd Mamal

Dyma sut mae mamal yn tyfu i fod yn oedolyn.

1 Mae'r mamal bychan yn tyfu y tu mewn i'w fam.

2 Wedi i'r mamal bychan gael ei eni rhaid gofalu amdano. Mae'r mamal bychan yn sugno llaeth ei fam. Ar y dechrau, y llaeth ydy'r unig fwyd sydd ei angen ar y rhai bach.

3 Wrth iddo dyfu mae'r mamal bychan yn dysgu bwydo ei hunan.

4 Wrth iddo dyfu mae'r un ifanc yn gallu gofalu am ei hun. Mae'n gadael ei rieni ac mae'n mynd i chwilio am gymar.

Mamaliaid â Charnau

Mae mamaliaid sydd â charnau yn bwyta planhigion. Llysysyddion ydy'r gair am yr anifeiliaid hyn. Mae carnau gan famaliaid fel y sebra, y jiráff a'r eliffant.

Mae mamaliaid â charnau yn byw gyda'i gilydd yn aml. Maen nhw'n byw ar dir agored neu ar dir

glaswellt eang. Maen nhw'n symud o le i le gyda'i gilydd mewn grŵp mawr i chwilio am fwyd. Y gair am y grŵp o anifeiliaid ydy **gyr**. Mae'r sebra a'r gnw (*wildebeest*) yn byw mewn grwpiau mawr.

Mae mamaliaid â charnau yn bwyta planhigion. Maen nhw'n cnoi bwyd gyda dannedd llydan, fflat. Mae'r sebra a'r gnw yn bwyta glaswellt. Mae'r jiráff a'r eliffant yn bwyta dail.

Yr eliffant ydy'r anifail mwyaf sy'n byw ar y tir. Mae eliffantod yn byw gyda'i gilydd mewn gyr. Mae'r eliffant bach yn sugno llaeth ei fam am ddwy flynedd pan fydd yn tyfu.

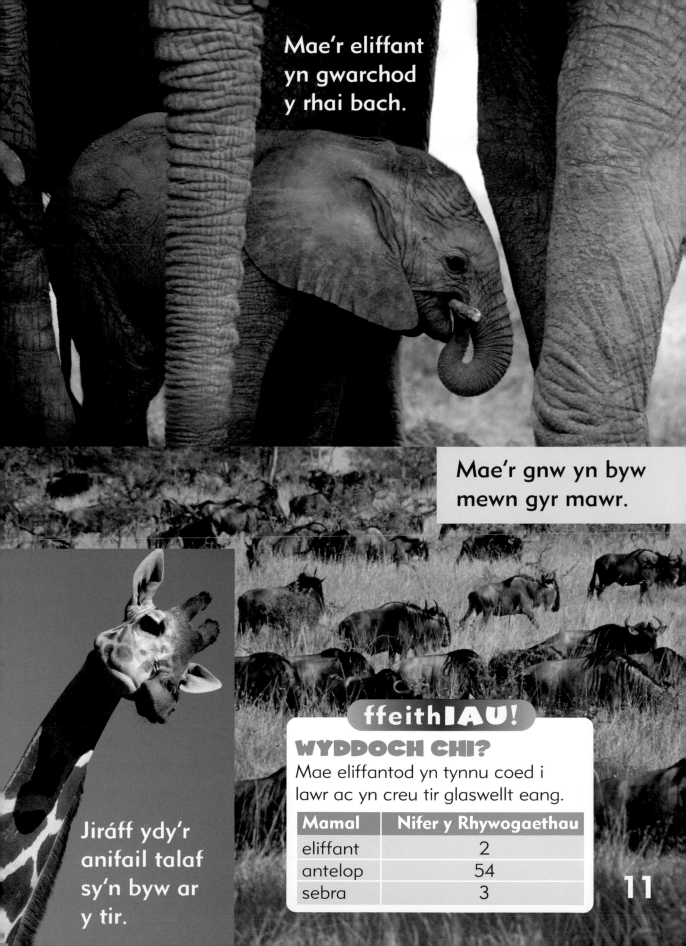

Mae'r eliffant yn gwarchod y rhai bach.

Mae'r gnw yn byw mewn gyr mawr.

Jiráff ydy'r anifail talaf sy'n byw ar y tir.

ffeith**IAU**!

WYDDOCH CHI?

Mae eliffantod yn tynnu coed i lawr ac yn creu tir glaswellt eang.

Mamal	Nifer y Rhywogaethau
eliffant	2
antelop	54
sebra	3

11

Mamaliaid sy'n bwyta cig – cigysyddion

Mae mamaliaid sy'n gigysyddion yn hela anifeiliaid eraill ac yn eu bwyta. Mae'r llew, y teigr a'r cadno (llwynog) yn gigysyddion.

Y llew a'r teigr ydy'r cathod mwyaf. Maen nhw'n hela ac yn bwyta anifeiliaid eraill. Maen nhw'n defnyddio eu crafangau a'u dannedd miniog i ddal ac i ladd eu bwyd.

Mae llewod yn byw mewn grwpiau teuluol. Mae'r rhai bach yn cael llaeth gan eu mam. Mae'r fam yn dysgu'r llewod bach sut i hela bwyd. Bydd y llew yn lladd ac yn bwyta sebra, antelop a mamaliaid eraill.

Mae'r llwynog (cadno) yn hela ac yn bwyta anifeiliaid eraill. Mae'n defnyddio ei ddannedd miniog i ddal a bwyta ei fwyd. Mae'r llwynog yn lladd a bwyta adar, llygod ac anifeiliaid bach eraill.

Mae'r llew yn gallu neidio ar ei ysglyfaeth.

Mae'r llwynog yn gallu rhedeg yn gyflym iawn.

ffeith IAU!

HELIWR!

Mae'r llew yn gallu dal anifail sydd ddwywaith mor fawr â'i hun.

Mamal	Nifer y Rhywogaethau
cathod mawr	7
llwynogod	21

Mae'r teigr yn gallu nofio.

Y Mwnci a'r Epa

Primat ydy'r enw ar y grŵp o famaliaid sy'n cynnwys y mwnci a'r epa. Maen nhw'n anifeiliaid gwaed cynnes. Mae ganddyn nhw ffwr. Maen nhw'n bwydo'r rhai ifanc ar laeth y fam.

Mae mwncïod ac epaod yn byw mewn coedwigoedd trofannol ac yn y jyngl. Cnau, hadau, ffrwythau a dail ydy eu bwyd yn bennaf.

babŵn

Mwncïod ydy'r babŵn, y mandril a'r udwyr (*howlers*). Mae mwncïod yn gallu dringo'n dda. Maen nhw'n defnyddio eu dwylo, eu traed a'u cynffon i'w helpu i ddringo.

Mae'r epa yn fwy na'r mwnci. Epa ydy'r tsimpansî, y gibon, yr orangwtan a'r gorila. Does dim cynffon gan yr epa.

Y gorila ydy'r epa mwyaf. Mae'r gorila yn byw mewn grwpiau teuluol. Mae'r gorila bach yn cael ei fwydo ar laeth y fam.

Mae mwncïod yn cario eu rhai bach.

Y cefnarian ydy arweinydd y gorilas.

Yr epa mwyaf ar ôl y gorila ydy'r orangwtang.

ffeith**IAU**!

Y MWYAF SWNLLYD!

Yr udwyr ydy'r mwncïod mwyaf swnllyd yng nghoedwigoedd glaw'r Amason.

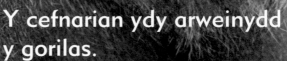

Mamal	Nifer y Rhywogaethau
mwnci	181
epa	15

15

Mamaliaid y Môr

Mae'r morfil, y dolffin a'r morlo yn famaliaid y môr. Maen nhw'n anifeiliaid gwaed cynnes sy'n byw yn y môr. Maen nhw'n bwydo eu rhai bach ar laeth y fam.

Mae gan famaliaid y môr fflipers yn lle coesau. Mae'r dolffin a'r morlo yn defnyddio eu fflipers, eu cyrff cryf a'u cynffonau i nofio drwy'r dŵr. Maen nhw'n gallu nofio'n gyflym iawn. Mae gan y dolffin a'r morlo ddannedd miniog iawn. Maen nhw'n defnyddio'r dannedd yma i ddal pysgod a sgwid.

Y morfil glas ydy'r anifail mwyaf yn y byd. Mae'r morfil glas yn byw ar y creaduriaid bach sydd yn y môr. **Cril** ydy'r gair am y creaduriaid bach hyn. Mae gan y morfil glas haen o fraster o dan y croen. Yr enw ar y braster hwn ydy **bloneg.** Pwrpas y bloneg ydy cadw'r morfil yn gynnes yn y dŵr oer.

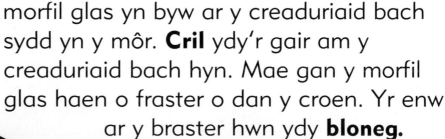

Mae morfilod yn byw mewn grwpiau.

Mae'r morfil yn heliwr da.

Mae gan y dolffin ddannedd miniog i ddal pysgod.

ffeith**IAU**!

Y MWYAF!

Y morfil sberm ydy'r cigysydd mwyaf ar y Ddaear.

Mamal	Nifer y Rhywogaethau
y morfil a'r dolffin	77
y morlo a morlo'r môr	34

17

Cnofilod

Mamaliaid bychan ydy cnofilod. Mae ganddyn nhw bedwar dant blaen miniog. Maen nhw'n anifeiliaid gwaed cynnes, blewog ac mae'r rhai ifanc yn cael llaeth y fam.

Maen nhw'n byw ymhob rhan o'r byd. Maen nhw'n gallu byw ar dir rhewllyd yr **Arctig** neu yn y diffeithdir sych.

Mae'r leming yn byw yn yr Arctig. Mae'r wiwer yn byw mewn coedwig neu mewn parc. Mae'r gerbil yn byw yn y diffeithdir. Y cnofilod ydy'r grŵp mwyaf o famaliaid. Mae mwy na 1,700 o wahanol fathau ohonyn nhw.

Mae llygod mawr, llygod, gwiwerod a chŵn y paith i gyd yn gnofilod. Maen nhw'n bwyta glaswellt, hadau, cnau a phlanhigion. Mae ganddyn nhw ddannedd blaen miniog. Mae'r dannedd yma yn eu helpu i agor cnau ac i dorri rhisgl coeden. Mae'r **afanc** a'r **ballasg** hefyd yn perthyn i'r teulu hwn.

afanc

18

Mae cŵn y paith yn byw
mewn teuluoedd gyda'i gilydd.

Y wiwer yn
defnyddio ei
chrafangau i
ddringo coed.

Mae pigau main
a miniog dros
gorff y ballasg.

WYDDOCH CHI?
Mae tua hanner y mamaliaid
yn gnofilod.

Mamal	Nifer y Rhywogaethau
cnofilod	1,793

19

Mamaliaid sy'n Hedfan

Yr ystlum ydy'r unig famal sy'n gallu hedfan. Mae'n anifail gwaed cynnes, blewog sy'n bwydo'r rhai ifanc ar laeth y fam.

Mamal sy'n hedfan ydy'r ystlum. Does ganddyn nhw ddim plu fel yr adar. Mae ganddyn nhw adenydd o groen sy'n ymestyn o'u bysedd i'w traed.

Maen nhw'n hela trychfilod yn ystod y nos. Maen nhw'n gwneud synau sy'n taro'n ôl atyn nhw pan maen nhw'n hedfan. Mae'r adlais o'r synau yn eu helpu i ddal trychfilod fel gwyfynod yn yr awyr.

Mae rhai ohonyn nhw'n bwyta ffrwythau. Mae'r ystlumod yma hefyd yn bwydo yn ystod y nos. Mae ganddyn nhw lygaid mawr i weld yn y tywyllwch.

Mae'r ystlum yn gallu hedfan yn bell i chwilio am fwyd.

Mae'r ystlum glustiog yn gallu clywed yn dda iawn.

Mae'r ystlum hwn yn bwyta ffrwythau. Mae'n gallu gweld yn dda yn y tywyllwch.

21

Sut mae Mamaliaid yn Symud?

	Cerdded	Nofio	Dringo	Hedfan
llew	✓		✓	
morlo		✓		
mwnci	✓		✓	
ystlum				✓

Rhestr Geiriau

afanc	y gair Cymraeg am *beaver*
Arctig	ardal oer iawn o amgylch Pegwn y Gogledd
ballasg	y gair Cymraeg am *porcupine*
bloneg	haen o fraster o dan groen mamaliaid y môr
cigysyddion	anifeiliaid sy'n bwyta cig
cnofilod	anifeiliaid bach gyda dannedd hir a miniog
cril	anifeiliaid bach iawn sy'n byw yn y môr
gwaed oer	anifail sydd â gwaed sy'n oeri neu'n cynhesu yn ôl yr amgylchedd o'i gwmpas
gyr	nifer o anifeiliaid gyda'i gilydd
llysysyddion	anifeiliaid sy'n bwyta planhigion
primat	grŵp o anifeiliaid sy'n cynnwys pobl, y mwnci a'r epa

Mynegai